MW01634605

Löwenzahn und Pusteblume

Werkstatt für das Lesen- und Schreibenlernen

Leselernbuch **Gesamtband**

Schroedel

„ Mama ! "

„ Mama ! "

Papa kommt
mit Mi und Mo .

Mama nimmt
Mi und Mo in die Arme.

„Mi!"

Mi legt Mama.
Ein Igel hilft mit.

Mo schreibt Oma.
Mama und Papa lesen alles.

Mi und Mo rufen Papa.
Papa soll sie suchen.

Papa sucht und tastet.
Kann er Mama erkennen?

Tam ta ta ti,
Tap mit Mi!

Opa und Mama machen Musik.
Tap tanzt mit Mi.

Tam ta ta to,
Tip mit Mo!

Tip tanzt mit Mo.
Alle singen mit und tanzen.

Mi malt Lotta.

„Mi, toll!"

Lotta lacht,
weil es kitzelt.

Tip malt mit Tap.

Mo kann lesen,
was Tip schreibt.

„Hallo, Tap!
Tap, halt!"

Mo holt Tap.

Tap möchte
in das Haus.
Aber die Leiter
ist zu hoch.

„ Lotta , hopp ! "

„ Halt , halt !
Mi , hol Lotta ! "

Mi holt Lotta .

Lotta möchte auch
in das Haus .
Aber es ist zu hoch .

H h

Filo

Tip hilft Filo.
„Tap, hilf mal mit!"

Filo ist in ein tiefes Loch gefallen.
Er sitzt in der Falle.

„Hallo! Hallo!"

Lotta holt Mi.
Lotta holt Mo.

Mi hilft Filo.
Mo hilft Filo.

Weil alle Freunde helfen, ist Filo bald wieder frei.

F f

Mut

Mi hat Mut.

Hat Tap Mut?
Tap holt Luft ...

Lotta macht Tap Mut:
„Na los, Tap! Du kannst das!"

Tip hat Mut.
Tip holt Luft ...

„Hallo, Uhu!"

„U hu! U hu!"

Der Uhu ärgert sich.
„Mo, lass den Unsinn!"

Hallo, Uhu!

Mama hat Mo
im Arm.

Papa hat Mi
im Arm.

Der Mond leuchtet hell
und die Sterne funkeln.

„U hu! U hu!"

„Hallo, Uhu!",
ruft Mo.

„U hu! U hu!"

Im Wald ist Ruhe.
Nur der Uhu ruft.

Lotta in Not

Mi nimmt Mo mit.

Mo ruft:
„Mi, halt mal an,
nimm Lotta mit!"

„Lotta, hopp!"

Lotta fällt ins Wasser.
Arme Lotta!

„Nanu, Lotta!“,
ruft Filo.

Filo hilft Lotta.

Mi nimmt Lotta mit.
Mi nimmt Filo mit.

Festhalten!
Nun fährt Mi mit allen los.

N n

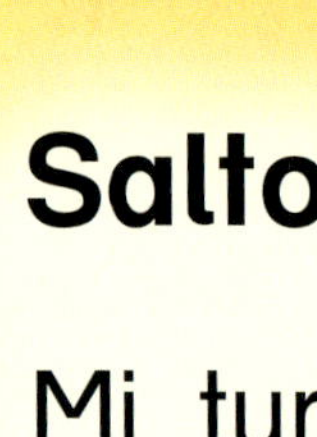

Salto

Mi turnt mit Lotta.
„Lotta, hopp!“

„Lottas Salto ist toll!“,
ruft Mo.

„Mi,
nun turn so mit mir!“

Aber
Lotta schreit:
„Noch einmal!“

„Tip, los,
turn mit mir!“,
ruft Tap.

Tip hat keine Lust.
Sie liegt lieber
in der Sonne.

Hilfe !

„Mama ! Papa ! "

„Hilfe ! Hilfe ! "

Mi umarmt Mo .
Mo umarmt Mi .

Mi und Mo haben sich verlaufen .
Da sehen sie den Uhu .

„U hu! U hu!"

„Hallo, Uhu,
hilf uns!"

„Uhu, rette uns!
Hole unsere Eltern her!"

Die Eltern folgen dem Uhu
und finden ihre Kinder.

Am Fluss

Mi und Mo rennen hinunter an den Fluss, denn Mo hat Durst.

Lotta rennt hinterher.

Am Ufer sehen sie einen Turm im Sand.

„Der Turm ist toll!“,
findet Lotta.
„Sind denn Tip und Tap am Ufer?“

„Da sind andere Namen im Sand!“,
ruft Mo.
„Das ist seltsam!“

Mi und Mo lesen.

„Wer mag das sein?
Diese Namen kennen wir nicht.“

Fremde

Mi merkt,
dass Fremde kommen.
„Pst!"

Lotta rennt hin.
Mi und Mo halten
den Atem an.

Das Kind filmt mit der Kamera.
Es ruft:
„Hase, Hase,
komm mal her!"

Das Kind filmt und filmt.
Kann es Mi und Mo
hinter der Tanne sehen?

Mi und Mo bleiben im Versteck,
bis die Menschen fort sind.

K k

Der Film

„Kinder, kommt,
wir wollen uns den Film ansehen!“,
ruft Mama.

Der Film ist prima.
Lisa und Tim erkennen alles:
„Da ist unser Turm am Wasser.“
„Da wandern wir im Wald.“
„Und da rennt der Hase.“

„Halt den Film mal an!“,
ruft Papa.
„Was ist das?
Wer ist da hinter der Tanne?“

„Papa, das sind
zwei kleine Bären!“

W w

www.wissen.de

SALAT

DINOS

Alle Kinder lesen.

1
Was
ist rund
und rollt?

2
Wer hat
ein Fell
und ruft i-a?

3
Wer hat
ein Horn an
der Nase?

Was hat
eine Meise
im Nest?

Kannst du das raten?

Anna ist an der Reihe
und nimmt eine Karte:

6
Wer
ist Mamas
Mama?

Anna antwortet:
„Na klar,
das ist ...”

5
Ver
andert
n Himmel?
6
Wer
ist Mamas
Mama?
7
Wer
kann lesen
und raten?
8
Was
ist
kalt?
Mo
Eis
Eimer
Wolke
Leiter
Reifen
Satellit
Mond

In der Nacht

Es kracht.

Was war das?
Christian horcht.

„Mama! Mama!"

Warum kommt Mama nicht?
Christian denkt nach:
„Soll ich noch einmal rufen?
Oder nicht?"

Da kracht es
noch einmal.

„Mama,
komm doch!"

Endlich!

Gestern in der N**8**
bin ich aufgew**8**.
Ich hab im Traum
so laut gel**8**.

Waffel - Tag

Manchmal kochen wir
in der Klasse.

Leon kam gestern mit Teig
und einem Waffeleisen.

Alle warteten ungeduldig.
Leons Waffeln dufteten so gut.

Der Reihe nach
holten sich alle Kinder
eine Waffel
und ein Glas Milch.

„Sagenhaft, Leon!"
„Deine Waffeln
sind ein Gedicht!"

„Ich werde
einmal Koch!",
sagte Leon.

Das will ich einmal werden

Leon: Koch

Maria: Pilotin

Murat: Erfinder

Unsere Kochtage:

Salat mit Gurken und Tomaten

Nudelsuppe

Tee mit Kuchen und Keksen

Risotto mit Paprika

Leons Waffeln waren super!

Murat hat seine Waffel mit Marmelade gegessen.

Eine gute Idee: das Waffelgesicht.

Im Kaufhaus

Anna fragt:
„Mama, darf ich mir
ein Auto kaufen?"

Der Lastwagen

Lukas fragt:
„Papa, nimmst du mich
auch mal mit?"

Sicher ist sicher

Anna legt Paul den Gurt an.

„Ist es so richtig, Mama?"

Augen auf!

„Lukas, pass auf, gleich wird es rot!", ruft Murat.

Bei Rot musst du stehen,
bei Grün darfst du gehen.

Au au

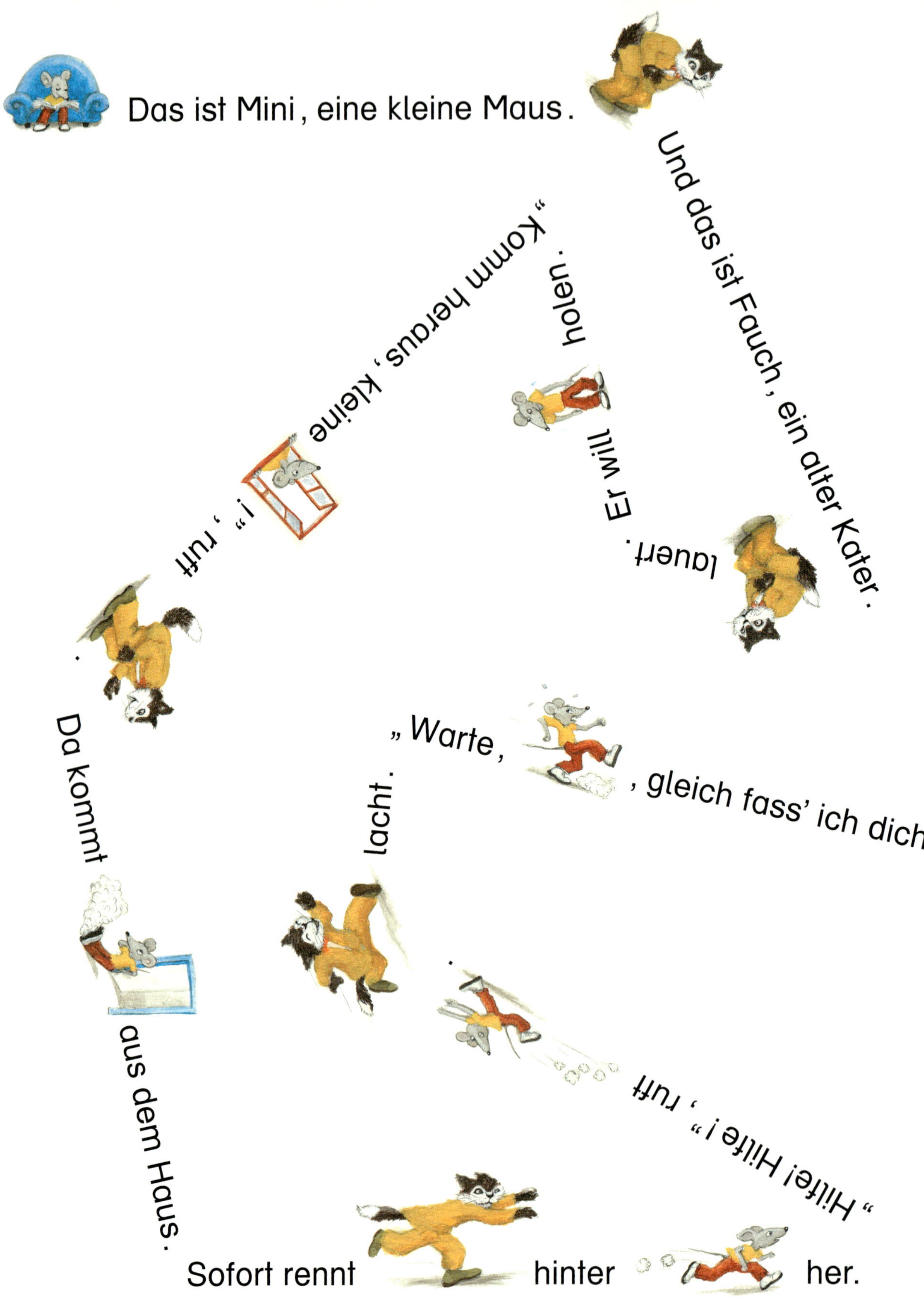

Das ist Mini, eine kleine Maus. Und das ist Fauch, ein alter Kater. lauert. Er will holen.

„Komm heraus, kleine !“, ruft . Da kommt aus dem Haus.

Sofort rennt hinter her.

„Hilfe! Hilfe!“, ruft . lacht.

„Warte, , gleich fass' ich dich

Auf einmal kommt Nero, der Hund . „Lass in Ruhe!", ruft . Doch rennt weiter hinter her. Da rennt hinter her. klettert auf den . ist gerettet. „Danke, !", ruft aus dem Haus.

Im Wald

Mit Oma
wandert Lukas gern.

Mit Oma
ist es lustig.

Im Wald kennt Oma sich gut aus.
Oma, kennst du den Baum?
Das ist eine Birke. Ich sehe das an der Rinde.
Oma hat ein Fernglas.
Da oben bewegt sich etwas.
Lass mich bitte auch mal durchsehen.
Das beobachtet Lukas durch das Fernglas.
B
b

Pelle

Pelle ist Annas Hund.
Er kommt aus dem Tierheim.

Am liebsten toben die beiden.
Anna wirft einen Ball,
Pelle rennt los
und holt den Ball wieder.

Anna und Pelle haben sich lieb.
Wenn ein anderer Hund kommt,
passt Pelle auf Anna auf.

Aber wenn Papa
mit einem Besen fegt,
kriecht Pelle unter das Bett.

Und wenn Mama laut ruft,
rennt Pelle weg.

Was mag Pelle
nur erlebt haben?

ie

Kedi

Murat hat einen Kater.
Sein Name ist Kedi.
Murat findet Kedi niedlich.

Kedi kann Fliegen fangen.
Das findet Murat gar nicht niedlich.

Einmal war eine Fliege im Haus.
Sie summte laut
am Fenster entlang.

Sofort rannte Kedi los.

Murat ging ans Fenster.
Er machte es auf
und rief:
„Keine Angst,
kleine Sinek,
flieg!"

Kedi (türkisch) = Katze, Kater
Sinek (türkisch) = Fliege

AMSEL
BAUMBAUM
BAUMBAUMBAUM
BAUMBAUMBAUMBAUM
BAUMBAUMBAUMBAUMBAUM
BAUMBAUMBAUMBAUMBAUMBAUM
BAUMBAUMEIERBAUMBAUMBAUM
BAUMBAUMNESTBAUMBAUMBAUM
BAUMBAUMBAUMBAUMBAUMBAUM
BAUMBAUMBAUMBAUMBAUM
BAUMBAUMBAUMBAUMBAUM
BAUMBAUMBAUMBAUM
BAUMBAUMBAUM
BAUM
BAUM
BAUM
BAUM
BAUM
BAUM
BLUMEBLUMEBLUMEBLUMEBLUMEELSTERBLUME
WIESEWIESEWIESEWIESEWIESEWIESEWIESEWIESE
WIESEWIESEWURMWIESEWIESEWIESEWIESEWIESE

Hoch oben auf dem Baum singt eine …
Unten auf der Wiese …

WOLKEWOLKE
WOLKEWOLKEWOLKE
WOLKEWOLKEWOLKEWOLKE
WOLKEWOLKEWOLKEWOLKEWOLKE
WOLKEWOLKEWOLKEWOLKE

REGEN REGEN REGEN REGEN

DACH
DACHDACH
DACHDACHDACH
DACHDACHDACHDACH
DACHDACHLUKEDACHDACH
DACHDACHDACHDACHDACHDACH
DACHDACHDACHDACHDACHDACHDACH
HAUSHAUSHAUSHAUSHAUSHAUS
HAUSHAUSFENSTERHAUSHAUS
HAUSHAUSFENSTERHAUSHAUS
HAUSHAUSMUTTERHAUSHAUS
HAUSHAUSFENSTERHAUSHAUS
HAUSHAUSFENSTERHAUSHAUS
HAUSHAUSFENSTERHAUSHAUS
HAUSHAUSHAUSHAUSHAUSHAUS
HAUSHAUSHAUSHAUSHAUSHAUS
HAUSHAUSHAUSHAUSHAUSHAUS
HAUSHAUSHAUSHAUSHAUSHAUS
HAUSHAUSHAUSHAUSHAUSHAUS

GARTENGARTENBALLGARTENGARTENGARTEN
GARTENHUNDGARTENGARTENKINDERGARTEN
GARTENGARTENIGELGARTENGARTENGARTEN

Mutter ruft die Kinder.
Aber die Kinder kommen nicht …

Das will ich wissen

Die Kinder haben Sachen
mit in die Schule gebracht.
Nun erforschen sie,
welche Sachen schwimmen.

Fatima nimmt eine Kugel aus Knete.
„Knete ist schwer, die schwimmt nicht",
meint Leon.

„Wollen wir wetten?", sagt Fatima.
Sie formt aus der Knete
schnell ein kleines Schiff.

Segelschiffe

Anna und Jonas wollen Schiffe
schwimmen lassen.

Jonas baut ein Schiff
aus einem flachen Joghurt-Becher.

Anna baut eine Jacht
mit drei Segeln.
Auf jedes Segel
schreibt sie etwas.

Als die Schiffe fertig sind,
fragt Anna:
„Wollen wir
ein Rennen
machen?"

„Aber hier ist ja
gar kein Wind",
antwortet Jonas.

Der Junge aus dem Zirkus

Manuel muss immer dort
zur Schule gehen,
wo sein Zirkus gerade ist.

Daniel fragt Manuel:
„Trittst du auch schon
abends im Zelt auf?"

„Nein", antwortet Manuel,
„dazu bin ich noch zu jung.
Aber ich zeige dir,
was ich schon kann."

Er nimmt drei Radiergummis
und wirbelt sie durch die Luft.

„Ist das einfach?",
fragt Daniel.

Mit Tüchern
geht es
leichter.

 Z z

Simsalabim!

„Ich zeige euch heute,
dass ich zaubern kann",
sagt Lea.

Sie faltet ein Blatt Papier
und schneidet ein Loch hinein.

Dann legt sie einen Euro daneben.
„Schaut her, Leute!
Diesen Euro zaubere ich
durch das Loch."

„Das Loch ist zu klein",
meinen die Freunde.

Lea freut sich.
„Ich schaffe das!"

Sie biegt das Papier.

Simsalabim!
Der Euro rutscht
durch das Loch.

Welche Münzen
passen
durch das Loch?

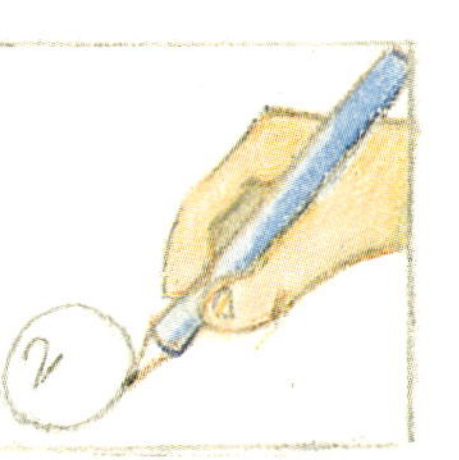

Eu eu

Es ist dunkle Nacht. Mi und Mo schlafen schon fest. Doch auf einmal werden sie wach, weil ein Gewitter tobt. Der Donner grollt, der Regen prasselt und der Wind heult. Mi und Mo kuscheln sich zusammen und fragen: „Mama, kennst du eine gruselige Geschichte?" Da sagt die Mutter: Es ist dunkle Nacht. Mi und Mo schlafen schon fest. Doch auf einmal werden sie wach, weil ein Gewitter to

Ich tanz allein im Kreise und singe dabei leise: Ich tanz allein im Kreise und singe dabei leise:

r Donner grollt, der Regen prasselt und der Wind heult. Mi und Mo kuscheln sich zusammen und fragen: „Mama, kennst du eine gruselige Geschichte?" Da sagt die Mutter: Es ist dunkle Nacht. Mi und Mo schlafen schon fest. Doch auf einmal werden sie wach, weil ein Gewitter tobt. Der Donner grollt, der Regen prasselt und der Wind heult. Mi und Mo kuscheln sich zusammen und fragen: „Mama, kennst du eine gruselige Geschichte?" Da sagt die Mutter: Es ist dunkle Nacht. Mi und Mo schlafen schon fest. Doch auf einmal werden sie wach, weil ein Gewitter tobt. Der Donner grollt, der Regen prasselt und der Wind heult. Mi und Mo kuscheln sich zusammen und fragen: „Mama, kennst du eine gruselige Geschichte?" Da sagt die Mutter:

Der Uhu schlummert auf dem Baum und hat 'nen wunderbaren Traum: Der Uhu schlummert auf dem Baum und hat 'nen wunderbaren Traum:

Klappkarten

Falte ein weißes Blatt Papier
und schneide es ein.

Klappe die Karte auf
und falte die Laschen nach innen.

Schneide oder reiße
kleine Figuren.
Klebe sie
auf die Laschen.

Du kannst auf deine Karte
innen und außen schreiben:
eine Geschichte, eine Einladung
oder einen Gruß.

Geschichten von Mi und Mo

Mi und Mo finden eine bunte Feder. Welcher Vogel hat sie verloren?

Mi versucht Honig vom Baum zu holen. „Vorsicht", ruft Mo. „Dahinten kommen …

Lotta hat Geburtstag. Sie bekommt eine große Torte mit vielen Karotten.

Mo jammert: „Es ist so heiß!" Vater sagt:

Hast du heute Zeit?

„Papa,
hast du
heute Zeit?"

„Nein, Anna.
Heute nicht mehr.
Aber am Sonntag
nehme ich mir Zeit."

„Hallo, Maria,
kann ich
zu dir kommen?"

„Nein, Anna.
Das geht nicht.
Wir fahren
zum Bahnhof
und holen
Oma ab."

„Hallo, Jonas,
kannst du
zu mir kommen?"

„Nein, Anna.
Mein Hals tut sehr weh.
Vielleicht fehle ich
sogar morgen
in der Schule."

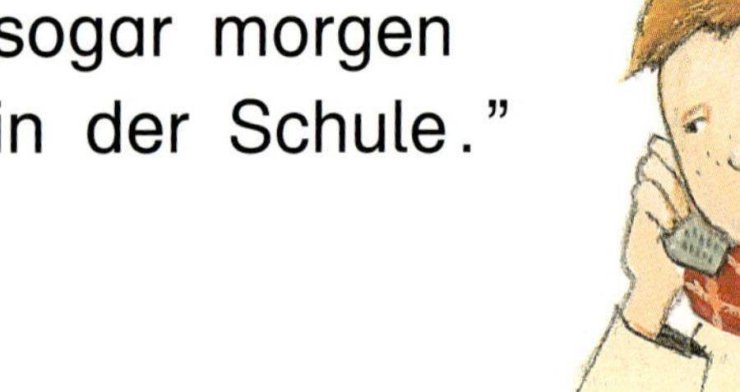

„Hallo, Anna,
hast du heute Zeit?"

ah eh

Allein zu Haus

Lea langweilt sich.
Ob es wohl etwas im Fernsehen gibt?
Sie schaut im Programm nach.
Um 16 Uhr kommt ihre Lieblingssendung.

Und was soll sie bis dann tun?
Na klar!
Da ist ja noch die Kleiderkiste.

Sie probiert eine Weste an.
Prima.
Und der große Ring
kommt an das linke Ohr.
Toll!
Dann findet sie noch
einen schwarzen Schuh.
Der zweite fehlt.
Das macht nichts!

Lea tanzt durch
die ganze Wohnung.
Auf einmal erinnert sie sich.
Wie viel Uhr ist es eigentlich?

ih oh uh

Scherzfragen

1 Welcher Hahn kann nicht krähen?

2 Welche Schuhe passen an keine Füße?

3 Welche Nägel haben Angst vor dem Hammer?

4 Welcher Zahn kann nicht beißen?

5 Welche Birne kann man nicht essen?

6 Welche Bären können nicht brummen?

7 Welche Krone gehört keinem König?

Wasserhahn

Glühbirne

Handschuhe

Löwenzahn

Fingernägel

Baumkrone

Gummibären

Witze

Papa, dürfen wir uns Märchen erzählen, bis wir einschlafen?
Das könnt ihr, aber auf keinen Fall länger.
Ich kann türkisch, griechisch, italienisch …
… reden?
Nein, essen natürlich.
Kängurus
Affen
Bären
Löwen
Elefanten
Maulwürfe
Kasse
Ich möchte den Hammer umtauschen!
Und warum?
Er trifft immer daneben.
ÖL
Ö ö Ü ü

Was fehlt Julia?

Die Lehrerin wundert sich.
Alle Kinder spielen.
Nur Julia macht beim Spiel
nicht mit.
Sie bleibt still
auf ihrem Stuhl.
Sie spricht kein Wort.
Ihr Mund ist fest
geschlossen.

Die Lehrerin fragt:
„Julia, fehlt dir was?"

Julia strahlt und sagt:
„Rate mal!"

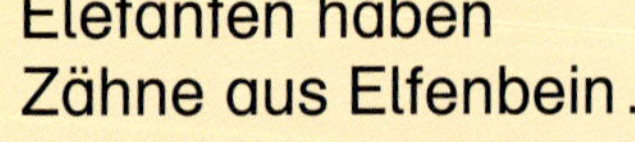

Elefanten haben
Zähne aus Elfenbein.

Ein Biber hat
starke Nagezähne.

Leopard hatte Zahnweh

Dem Leoparden Leo, 15 Jahre alt, wurde gestern ein Zahn gezogen.

„Leo hatte starkes Zahnweh", berichtete die Direktorin des Tierparks unserer Zeitung. Der Arzt gab dem Leoparden zuerst eine Narkose. Dann konnte er den Zahn entfernen. Leo kann wieder fressen.

Manche Schlangen haben Giftzähne.

Ein Hai hat tausend Zähne.

1	2	3	4	5
eins	**zwei**	**drei**	**vier**	**fünf**
one	two	three	four	five
bir	iki	üç	dört	beş
raz	dwa	tsy	stere	pinz
uno	dos	tres	cuatro	cinco
un	deux	trois	quatre	cinq

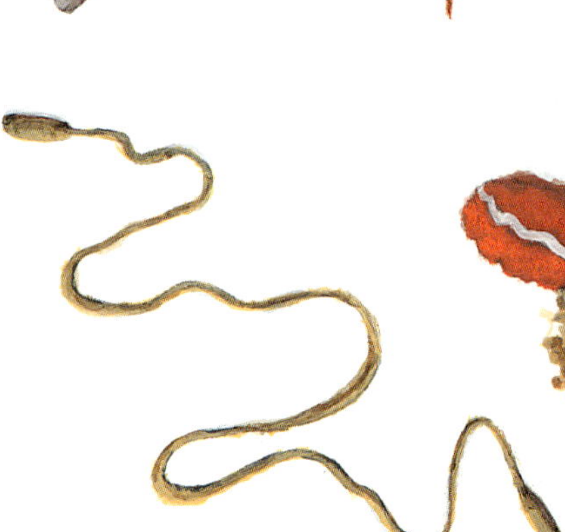

6	7	8	9	10
sechs	**sieben**	**acht**	**neun**	**zehn**
six	seven	eight	nine	ten
altı	yedi	sekiz	dokuz	on
zesch	sedem	ozem	zewinz	scheze
seis	siete	ocho	nueve	diez
six	sept	huit	neuf	dix

Baumlang

Der Riese Baumlang
lebte friedlich
mit seiner Frau.
Aber eines Tages
hörten sie
ein Krachen
in den Bäumen.

Ein noch größerer Riese
stampfte durch den Wald.
„Baumlang, komm her!",
schrie er.
„Ich will mit dir kämpfen!"

Schnell legte sich
Baumlang ins Bett.

Der fremde Riese
polterte herein.
„Wo ist dieser
Baumlang?"

Äu äu

„Pst! Sei leise!“,
sagte die Frau.
„Unser Kind träumt.“

„Das ist das Kind?“,
dachte der fremde Riese.
„Wie groß mag erst der
Baumlang sein?“

Da erschrak der fremde Riese
und rannte davon.

„Schau nur, wie er läuft“,
sagte Baumlang
zu seiner Frau.
Sie hüpften und lachten,
weil ihnen die Täuschung
gelungen war.

Pf pf

Besetzt

Als Maria in den Musikraum kommt,
ist ihr Platz neben Lea schon besetzt.

„Das ist doch mein Platz",
sagt Maria.
„Aber jetzt sitze ich hier",
antwortet Jonas.

„Setz dich doch
woanders hin, Jonas!",
bittet Maria noch einmal.
„Ich möchte neben Lea sitzen."

Aber Jonas
schüttelt den Kopf
und bleibt sitzen.

Da wird Maria wütend.

tz

Verschlafen

Sofie reckt und streckt sich.
Sie reibt sich die Augen
und guckt ärgerlich
ihren Bruder Tobias an:
„Warum weckst du mich?"

„Es ist schon ganz hell",
antwortet Tobias.

Sofie bekommt einen Schreck.
„Warum hat mich keiner geweckt?",
ruft sie.

„Wir haben verschlafen!",
sagt Papa aufgeregt.

„Hat der Wecker
nicht geklingelt?"

ck

Zwicke zwein …

Jürgen Spohn

zwicke zwein
in das Bein

zwicke zwie
in das Knie

zwicke zwauch
in den Bauch

zwicke zwarm
in den Arm

zwicke zwand
in die H........
zwicke zwacke
in die B..........
zwicke zwals
in den H........
zwicke zwase
in die N........
zwicke zwart
nur ganz zart
zwicke ...

Internet

Corinna hat eine wichtige Nachricht für Marco.
Sie setzt sich an den Computer
und schreibt:

Corinna klickt
auf Senden.
Sie wartet
ungeduldig
auf Antwort.

C c

Antwort: Ja

Es klingelt.
Marco steht vor der Tür
und will die Mäusebabys
sehen.

„Sind die winzig
und noch ganz nackt",
flüstert Marco.
„Wollen wir Yvonne
Bescheid sagen?"

Corinna darf
Mamas Handy nehmen.
Sie tippt auf die Tasten
und schreibt:

YVONNE,
KOMMST DU
ZU MIR?
CORINNA

Sekunden später
piept das Handy.
Corinna und Marco
lesen:

ANTWORT: JA.

Dinosaurier

Laura sammelt alles über Dinosaurier.
Sie hat Bücher, Aufkleber,
eine CD-ROM, ein Quartett
und Figuren.
Sie kennt alle Namen:
Diplodocus,
Triceratops,
Tyrannosaurus Rex
und so weiter.

Im Lexikon hat Laura gelesen,
dass der Brachiosaurus
einer der größten Dinosaurier war.
Im Internet hat sie
den Compsognathus gefunden.
Er war kaum größer als ein Huhn.

Laura möchte endlich einmal
ein Dinosaurier-Skelett sehen.
„Wann gehen wir mal ins Museum?",
quengelt sie.

Im Museum

Felix staunt, wie groß das Skelett ist.
„Der Dinosaurier hat bestimmt viel gefressen.
War das ein Raubsaurier?"

„Nein, das ist ein Brachiosaurus",
erklärt Laura.
„Das war ein Pflanzenfresser."

X x

Ein Himmel, eine Sonne, ein Mond,

eine Welt für alle.

Michael Foremann

Blätter

Blätter fallen sacht ins Gras,
rascheln leise, hört ihr das?
Rascheln leise,
rascheln leise.

Ludwig Voges

Mo
Mi
Uhu
Lotta
Filo

Laterne

Sonne, Mond und Sterne,

Licht in der Laterne.

Sankt Martin

Martin hilft
dem armen Mann.
Martin teilt
seinen Mantel.

Nikolaus

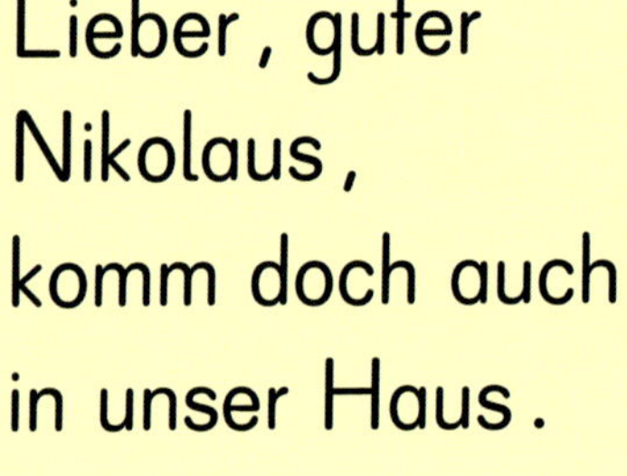

Lieber, guter
Nikolaus,
komm doch auch
in unser Haus.

Nikolaustag

Der Nikolaus geht um das Haus,
er will uns heut besuchen.
Er kommt weit her,
sein Sack ist schwer,
ganz schwer von Pfefferkuchen.

Erna Fritzke

Ein  **an den** 

 schreibt einen 

an den  .

 steckt den 

in den  .

 stellt den 

mit dem  ans  .

Dann geht  ins  .

 schläft ein

und träumt vom  .

In der Nacht

In der Nacht
fährt ein Schlitten
durch den Wald.

Am Morgen

„Was ist das?"

„Wo kommt das her?"

„Was ist drin?"

Am anderen Morgen
finden Mi und Mo einen Sack.
Sie wundern sich.

Die Hirten wollen das Kind sehen.

Maria hat das Kind im Arm.

Schnee und Eis untersuchen

Am Dach hängen Eiszapfen. Wie kommt denn das?

Es hat gefroren. Ich schaue durch eine Eisplatte.

Was passiert mit dem Schnee?

Eine Schneeflocke ist auf meinem Arm gelandet. Ich sehe durch die Lupe.

In der Winternacht

Eine Mitmach-Geschichte

1 Es ist dunkel.
Leise rauscht der Wind.

2 Ein Wolf kommt ans Haus.
Hu!

3 Wir schauen aus dem Fenster.
Es kommen immer mehr.

4 Wir haben Angst.
Wir schlottern.

5 1, 2, 3,
wir machen Krach!

6 Hui!
Da rennen alle weg.

7 Wir horchen.
Leise rauscht der Wind.

Der Winter ist da!

„Der Winter ist da!"
„Prima!"

Mi und Mo
rollen und rollen.

Mi muss Mo helfen.

Papa muss
Mi und Mo helfen.

Wer wird denn das?

„Toll!"

Komm, wir rodeln!

Hui!
Mama rodelt mit Mo.

Hoppla!

Wo ist Mo?

„Mama,
hilf mir mal!"

„Du armes Kind!"
Mama holt Mo.

„Komm, wir rodeln!"

Ball der Tiere

Am Rosenmontag zum Maskenball
kommen die Tiere von überall:

Die  kommt als Laus,

die  als Löwe,

der  als Möwe,

die  als Ziege,

die  als Fliege,

die  als Schwan,

der  als Hahn,

der  als Affe,

der  als Giraffe,

die  als Maus.

Und wie kommt die Maus?

Bumdidi

Bumdidi,
bumdidi,
bumdidi,
bum.

So geht der Elefant herum.

Bumdidi,
bumdidi,
bumdidi,
bum.

Ein Glöcklein an drei Beinen,
kein Glöcklein an dem einen.

Bumdidi,
bumdidi,
bumdidi,
bum.

Josef Guggenmos

Eine Rassel an drei Beinen,
keine Rassel an dem einen.
Wie klingt denn das?

Neues Leben aus dem Ei

Die Henne brütet ihre Eier aus.
In jedem Ei wächst ein Küken.

Nach 21 Tagen pickt das Küken
von innen ein Loch in die Schale.
Es pickt viele Stunden.

Endlich bricht die Schale auf.
Das Küken schlüpft.
Zuerst ist es noch nass und müde.

Bald ist das Küken trocken.
Es verlässt das Nest
und läuft seiner Mutter nach.

Dies Haus
hat keine Ecken.
Ist was Gutes drin,
lass es dir schmecken.
Steigt heraus
ein Kikeriki,
hast du Musik um vier
in der Früh.
Josef Guggenmos
Wie viele er
sind versteckt?
ns, zw, dr,
wo finde ich n?
Auf der Lter liegt ns,
in dem mer liegt kns.
Am Tch liegen zw,
hinter dem Baum find' ich dr
und nen Osterhasen
dab.
Ein Ding, ganz klein,
kann rollen allein.
Aufmachen kann's einer,
schließen kann's keiner.
Aus Portugal
Ist so klein wie eine Maus, füllt doch die ganze Stube aus.

Frühling

Die … scheint warm.

Im … blühen rote … ,

gelbe … und lila … .

Die … bekommen schon

kleine, grüne … .

In einem … bauen …

ein … .

Amseln

Anna steht am Fenster
Und das sieht sie:

Amsel mit Ästchen im Schnabel
Amsel mit Grashalm im Schnabel
Amsel mit Blatt im Schnabel
Amsel mit Haaren im Schnabel
Amsel mit Wolle im Schnabel
Amsel mit Feder im Schnabel
Amsel mit Moos im Schnabel

Drei Wochen später:

Amsel mit Raupe im Schnabel
Amsel mit Fliege im Schnabel
Amsel mit Spinne im Schnabel
Amsel mit Regenwurm im Schnabel

Unter einem Busch
findet Anna
eine leere Eierschale.

Muttertag

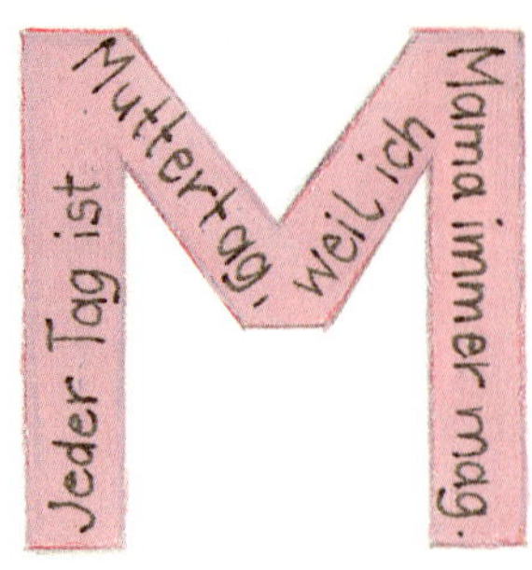

Englisch:	Mother	*Schwedisch:*	Mor	
Französisch:	Mère	*Polnisch:*	Matka	
Spanisch:	Madre	*Bulgarisch:*	**майка**	(Mayka)
Italienisch:	Madre	*Russisch:*	мать	(Matj)
Portugiesisch:	Mãe	*Indisch:*	माता	(Matar)
Holländisch:	Moeder	*Chinesisch:*	母亲	(Mou)

Alle Tage ...

Alle Tage, immer wieder
muss ich an dich denken;
was ich denke, schreib ich nieder,
um es dir zu schenken.

Frantz Wittkamp

Geschenke

Das ist ein Brief für dich.

Aber Muttertag ist doch erst am Sonntag.

FÜR MAMA

Auf und ab

Mi wollte mit Opa wippen.
„Gut", sagte Opa.
„Du setzt dich
auf die eine Seite der Wippe
und ich setze mich
auf die andere Seite."

Da war Mi ganz oben,
und Opa war ganz unten.
„Los, wipp los!", rief Mi.
Aber die Wippe konnte nicht wippen.

Mi war so *leicht*
und Opa war so **schwer**.

Nun kletterte Mo auf die Wippe
und setzte sich hinter Mi.
„Los, wipp los!", riefen Mi und Mo.
Aber die Wippe konnte nicht wippen.

Mi und Mo waren zu *leicht*
und Opa war zu **schwer**.

Auch als Tip und Tap hinzukamen,
ging es nicht.

Zusammen waren sie noch zu *leicht*
und Opa war immer noch zu **schwer**.

Da nahm Lotta Anlauf.
Hopp, landete sie auf der Wippe.

Jetzt konnte die Wippe endlich wippen:
auf und ab
und auf und ab …

Löwenzahn

Löwenzahn, Löwenzahn,
zünde deine Lichtlein an!
Lichtlein hell und Lichtlein weiß,
Lichtlein auf der Wiese!

Pust' ich alle Lichtlein aus;
dunkel wird's im Wiesenhaus.
Tausend Fünklein fliegen fort,
blühn an einem andern Ort:

Nächstes Jahr hebt's wieder an!

Kurt Kölsch

Pusteblume

Der Same fliegt und fliegt und fliegt und fliegt.

Der Wind trägt ihn über eine Weide mit Kühen.

Aber er fliegt noch weiter.

Der Wind weht den Samen über einen Schulhof.

Aber er fliegt noch weiter.

Doch dann landet der Same auf einem Weg zwischen harten Steinen.

Ob hier
aus dem Samen
eine neue Pflanze
wachsen kann?

Die Schnecke

1
Die Schnecke scheidet Schleim aus. Darauf bewegt sie sich vorwärts.

2
Durch eine Glasscheibe kannst du die Wellen der Bewegung beobachten.

3
Auf dem Schleim kann die Schnecke sogar über Spitzen kriechen.

4
Der Schleim schützt die Schnecke auch vor Feinden.

Vorsicht !

Am Morgen hat es geregnet.
Die Erde ist noch feucht.

Am Wegrand entdecken Julia und Christian
eine große Schnecke.
Sie kriecht ganz langsam.

Christian zeigt mit dem Finger
auf die Fühler.
Sofort zieht die Schnecke die Fühler ein.

„Vorsicht!", sagt Julia.
„Nicht in ihre Augen fassen!"

„Wieso Augen?", fragt Christian.

„Ja", erklärt Julia,
„die Augen der Schnecke sitzen
auf den beiden längeren Fühlern."

Das leise Gedicht

rauscht

Wer mäuschenstill am Bache sitzt,
kann hören, wie ein Fischlein flitzt.

Wer mäuschenstill im Grase liegt,
kann hören, wie ein Falter ______.

geht

Wer mäuschenstill im Bette lauscht,
kann hören, wie der Regen ______.

fliegt

Wer mäuschenstill ist und nicht brummt,
kann hören, wie die Biene ______.

Wer mäuschenstill im Walde steht,
kann hören, wie ein Rehlein ______.

hört

Wer mäuschenstill ist und nicht stört,
kann hören, was man sonst nicht ______.

summt

Alfred Könner

Gewitter

zickzack
zickzack
zickzack
schreibt der Blitz
an den Himmel

weiß auf schwarzes Fell

und jetzt
rumpelt der Donner
rumpelt

und der Regen
schießt dazwischen
wie aus tausend
Feuerwehrspritzen
sch – sch – sch

zickzack

tromm
tromm

Joseph Lichius

Freunde

Freunde
helfen
einander.

Freunde
machen
einander
eine Freude.

Freunde
haben
manchmal
Streit.

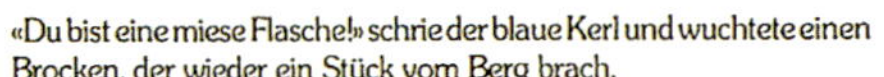
«Du bist eine miese Flasche!» schrie der blaue Kerl und wuchtete einen Brocken, der wieder ein Stück vom Berg brach.

«Und du bist ein O-beiniger, labbriger Cornflake!» brüllte der rote Kerl. Dieses Mal kickte er einen riesigen Felsbrocken.

Freunde träumen manchmal voneinander.

Im Traum begegneten sie sich,
denn richtige Freunde träumen voneinander.

Freunde können sehr verschieden sein.

Seitdem hatte Irgendwie Anders einen Freund.
Sie lächelten und sagten »hallo«.

Sie malten zusammen Bilder.

Sie spielten das Lieblingsspiel des anderen –
jedenfalls probierten sie es...

Sie aßen zusammen.

Sie waren verschieden,
aber sie vertrugen sich.

Freunde werden, wie geht denn das?

Frühstück in aller Welt

Lea und Murat suchen
nach einem Rezept
für das Frühstück
in der Klasse.

Li wohnt in Japan.
Zum Frühstück
isst sie Reis
und eine Suppe,
die Misoshiro heißt.

„Suppe und Reis
zum Frühstück?",
wundert sich Murat.

Robert lebt in England.
Er isst zum Frühstück
Spiegeleier mit
kleinen Würstchen
und Tomaten.

„Würstchen essen wir
nur mittags",
meint Lea.

Jule wohnt in Schweden.
Sie isst gern
Knäckebrot mit Käse
zum Frühstück.

„Knäckebrot und Käse,
das nehmen wir!"

Zwei Kinder

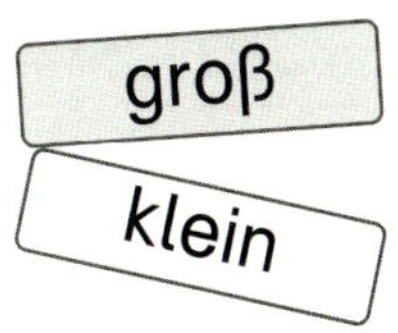

dünn

dick

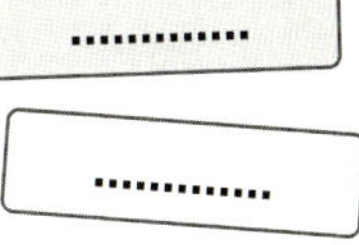

Zwei Kinder auf der Straße
aßen Himbeereis,
ein Kind war braun,
das andere war weiß.

Du, sagte das eine
und aß von seinem Eis,
warum bist du braun,
warum bist du nicht weiß?

Du, sagte das andere,
aß auch von seinem Eis,
warum bist du nicht braun,
warum bist du weiß?

Da lachten alle beide
und aßen Himbeereis,
ein Kind war braun,
das andere war weiß.

Gerlinde Schneider

Der siebte Tag

Max geht gern in die Schule.
Am liebsten ginge er jeden Tag in die Schule.
Aber heute ist Sonntag.
Da kann er nicht zur Schule gehen.
„Wer hat nur diese Sonntage gemacht?"

Mutter will es Max erklären.
Sie holt die Bibel und liest vor:
„Gott vollendete am siebten Tag
sein Werk, das er vollbracht hatte,
und ruhte am siebten Tag
von all seinem Werke,
das er vollbracht hatte.
Und Gott segnete den siebten Tag
und heiligte ihn."

Am Sonntag

Am Morgen …

schlafen Mama und Papa lange.	frühstücke ich mit Mama im Bett.	geht Papa mit mir schwimmen.	gehe ich in die Kirche.	…………..

Am Nachmittag …

besuchen wir Oma und Opa.	unternimmt Papa mit mir etwas.	…………..	langweile ich mich.	darf ich lange fernsehen.

Am Abend …

…………..	bekomme ich etwas vorgelesen.	gibt es manchmal Streit.	packe ich meine Schulsachen ein.	gehe ich früh ins Bett.

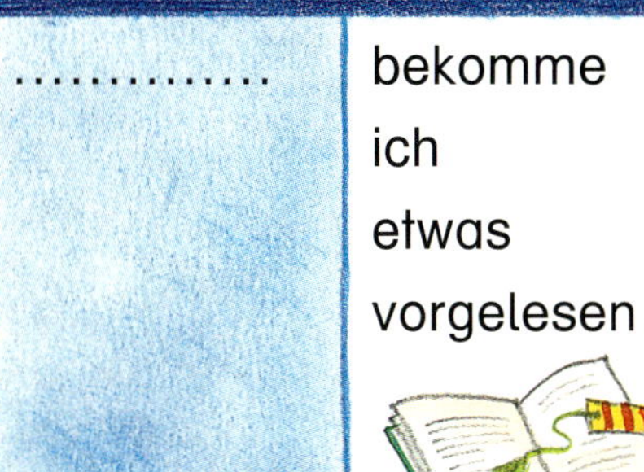

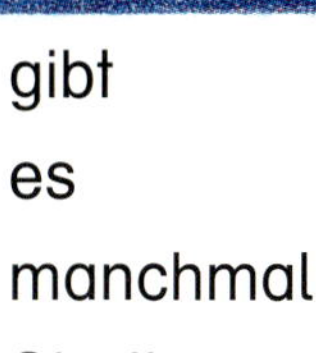

Groß und klein

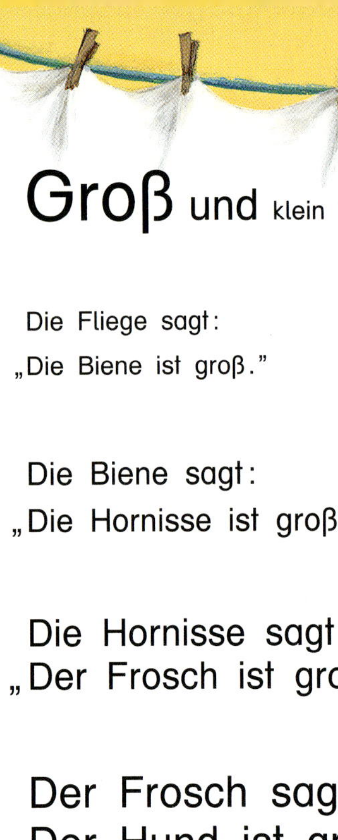

Die Fliege sagt:
„Die Biene ist groß."

Die Biene sagt:
„Die Hornisse ist groß."

Die Hornisse sagt:
„Der Frosch ist groß."

Der Frosch sagt:
„Der Hund ist groß."

Der Hund sagt:
„Die Kuh ist groß."

Die Kuh sagt:
„Der Elefant ist groß."

Der Elefant sagt:
„Die Ameise ist groß",
und kichert,
wie nur Elefanten
kichern können.

„Wie? Wieso?
Was sagst du da!“,
rufen die Fliege und die Biene
und die Hornisse und der Frosch
und der Hund und die Kuh.

„Doch, doch“, sagt der Elefant
und kichert wieder,
wie nur Elefanten kichern können:
„Die Ameise ist groß,
denn der Floh ist noch kleiner.“

Hans Manz

Marc Chagall: Das Zirkuspferd

Hereinspaziert!
Hereinspaziert!

Willkommen im Zirkus!

„Das muss man
gesehen haben:

- Akrobaten,
- Tiere,
- die Ballerina
  auf dem Zirkuspferd,
- den dummen August,
- Musikanten
- und noch viel mehr!

Hereinspaziert!
Hereinspaziert!"

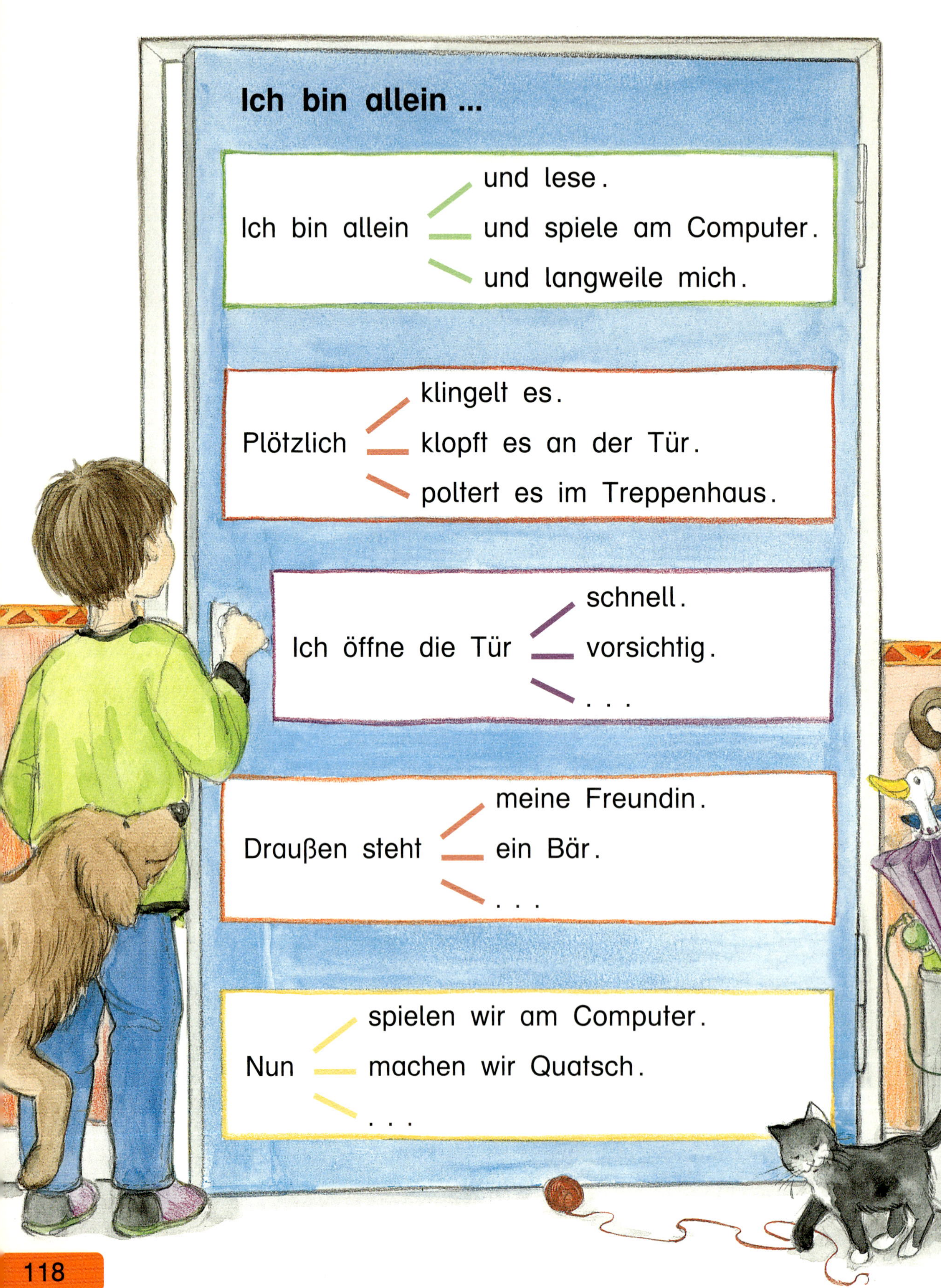

Ich bin allein ...

Ich bin allein
- und lese.
- und spiele am Computer.
- und langweile mich.

Plötzlich
- klingelt es.
- klopft es an der Tür.
- poltert es im Treppenhaus.

Ich öffne die Tür
- schnell.
- vorsichtig.
- ...

Draußen steht
- meine Freundin.
- ein Bär.
- ...

Nun
- spielen wir am Computer.
- machen wir Quatsch.
- ...

Sat-sechs

Franz kann zu Hause nur drei Fernsehprogramme sehen.
Wenn die anderen Kinder von ihren Lieblingsserien erzählen,
kann Franz oft nicht mitreden.

Der Franz wollte nicht schon wieder sagen,
dass er diese Serie zu Hause nicht sehen kann.
So sagte er:
„Ich hab was anderes angeschaut."
(In Wirklichkeit hatte er mit Mama
Fang-den-Hut gespielt.)
„Und zwar?", fragte der Alexander.
„Eine andere Serie", sagte der Franz.
„Und zwar?", fragte die Martina.
„Eine ... von einem Astronauten ...
von einem anderen Planeten ...
der landet bei uns ...
und sein Raumschiff geht dabei kaputt",
sagte der Franz.

„Auf welchem Sender?", fragte der Max.
„Sat-sechs!", sagte der Franz ......

Die anderen Kinder glaubten Franz nicht.

Da schwindelte Franz einfach weiter:
Von dem Astronauten,
der auf der Erde gelandet ist
und fast verhungert wäre,
wenn nicht die Kinder ...

Christine Nöstlinger

Die Erdkugel

Das ist unsere Erde.
Astronauten haben sie
vom Mond aus
fotografiert.

Früher stellten sich
die Menschen
die Erde
als Scheibe vor.
Wenn Seeleute
mit ihren Schiffen
weit aufs Meer
hinausfuhren,
hatten sie Angst,
sie könnten
von der Scheibe
herunterfallen.

Im All ist alles schwerelos.
Die Astronauten schweben
durch die Station.

Wenn sie an der Raumstation
etwas reparieren,
schweben sie im All.

Die Bremer Stadtmusikanten

Ein alter Esel hatte keine Kraft mehr .
Sein Herr wollte ihn darum
nicht mehr haben .
Da lief der Esel fort .
Er wollte Musikant in Bremen werden .

Unterwegs traf er einen alten Hund .
Der lag am Weg und jappte .
„Warum jappst du so , Hund ?"
„Ach, mein Herr hat mich geschlagen .
Da bin ich weggelaufen !"
„Komm doch mit mir nach Bremen !
Wir werden dort Musikanten !"
Der Hund ging mit .

Bald trafen sie eine alte Katze .
Die machte ein trauriges Gesicht .
„Was ist mit dir los , Katze ?"
„Ach , ich weiß nicht , wo ich hin soll .
Niemand will mich haben !"
„Komm doch mit uns nach Bremen !
Wir werden dort Musikanten !"
Die Katze ging mit .

Bald trafen sie einen alten Hahn .
Der krähte laut auf einem Tor .
„Warum schreist du denn so , Hahn ?"
„Ach , morgen soll ich geschlachtet werden .
Darum schreie ich , so lang ich noch kann .
„Komm doch mit uns nach Bremen !
Wir werden dort Musikanten !"
Der Hahn ging mit .

Am Abend kamen die vier Tiere müde und hungrig in einen Wald.
„Da hinten sehe ich Licht.
Das ist ein Haus!"
„Vielleicht können wir da übernachten."
„Vielleicht gibt es da auch etwas zu essen."

Der Esel schaute ins Fenster.
„Ich sehe Räuber am Tisch, mit schönem Essen und Trinken."
„Das wäre was für uns!"
„Wir müssen die Räuber verjagen."
„Aber wie?"

„Wir machen hier unsere Musik."
„Ja, ganz laut!"
„Eins, zwei, drei!"
Der Esel schrie, der Hund bellte, die Katze miaute und der Hahn krähte.

Und sie stürzten durch das Fenster ins Haus hinein.

„Hilfe, ein Gespenst!"
Die Räuber rannten in größter Furcht in den Wald.

Die vier Tiere setzten sich an den Tisch und aßen, als wenn sie vier Wochen hungern sollten.

Nach Bremen sind sie nicht mehr gegangen.

Inhaltsübersicht

Leselernbuch Teil 2 Texte auf der Grundlage aller Schriftzeichen		
32-33	Alle Kinder lesen	
34-35	Kannst du das raten?	Ei ei
36-37	In der Nacht	Ch ch
38-39	Waffel-Tag	G g
40-41	Autos	Au au
42-43	Katze und Maus	
44-45	Im Wald	B b
46	Pelle	ie
47	Kedi	ng
48-49	Buchstabenbild	
50	Das will ich wissen	Sch sch
51	Segelschiffe	J j
52	Der Junge aus dem Zirkus	Z z
53	Simsalabim!	Eu eu
54-55	Endlosgeschichten	
56	Klappkarten	ß
57	Geschichten von Mi und Mo	V v
58	Hast du heute Zeit?	ah eh
59	Allein zu Haus	ih oh uh
60	Scherzfragen	Ä ä
61	Witze	Ö ö Ü ü
62	Was fehlt Julia?	Sp sp
63	Leopard hatte Zahnweh	St st
64-65	Zahlen	
66-67	Baumlang	Äu äu Pf pf
68	Besetzt	tz
69	Verschlafen	ck
70-71	Zwicke zwein ... (Jürgen Spohn)	
72	Internet	C c
73	Antwort: Ja	Y y
74	Dinosaurier	Qu qu
75	Im Museum	X x
76-77	Kinder der Welt (Michael Foremann)	

Leselernbuch Texte durch das Jahr

Jahreszeitliche Texte	
78-79	Blätter (Ludwig Voges)
80	Laterne
81	Sankt Martin
82	Nikolaus
83	Ein Brief an den Nikolaus
84	In der Nacht
85	Am Morgen
86	Lasst uns nun gehen
87	Geburt Christi (Antoine Pesne)
88	Schnee und Eis untersuchen
89	In der Winternacht
90	Der Winter ist da!
91	Komm, wir rodeln!
92	Ball der Tiere
93	Bumdidi (Josef Guggenmos)
94	Neues Leben aus dem Ei
95	Ostereier
96	Frühling
97	Amseln
98	Muttertag - Alle Tage ... (Frantz Wittkamp)
99	Geschenke
100-101	Auf und ab
102	Löwenzahn (Kurt Kölsch)
103	Pusteblume
104	Die Schnecke
105	Vorsicht!
106	Das leise Gedicht (Alfred Könner)
107	Gewitter (Joseph Lichius)
Weiterführendes Lesen	
108-109	Freunde (Kinderbücher)
110	Frühstück aus aller Welt
111	Zwei Kinder (Gelinde Schneider)
112	Der siebte Tag
113	Am Sonntag
114-115	Groß und klein (Hans Manz)
116-117	Das Zirkuspferd (Marc Chagall) Willkommen im Zirkus!
118	Ich bin allein
119	Sat-sechs (Christine Nöstlinger)
120	Die Erdkugel
121	Raumstation im All
122-123	Die Bremer Stadtmusikanten

Textquellen Teil 2:
S. 70-71 Jürgen Spohn, Zwicke zwein. Aus: Der Spielbaum. Gütersloh: C. Bertelsmann Verlag 1970
S. 76-77 Michael Foremann, Ein Himmel ... Aus: Unsere Welt für alle. München: Lentz Verlag in der F.A. Herbig Verlagsbuchhandlung GmbH 1990

Foto- und Bildquellen Teil 2:
S. 45 l Marquez/Silvestris, m Diedrich, r Silvestris
S. 62 l Gerlach/Silvestris, r Meyers/Silvestris
S. 63 o Lacz/Silvestris, l Schrempp/Photo-Center, r age/Mauritius
S. 75 Hubert Link/dpa. Naturkundemuseum Berlin

Textquellen Teil 3:
S. 78-79 Ludwig Voges, Blätter fallen. © Ludwig Voges. Aus: R. Zimmer, I. Clausmeyer, L. Voges. Praxisbuch Kindergarten. Tanz – Bewegung – Musik. Freiburg: Herder 1994
S. 82 Erna Fritzke, Nikolaustag. © Volk und Wissen, Berlin
S. 86 Lasst uns nun gehen. Aus dem Lukas-Evangelium (Lukas 2.15)
S. 93 Josef Guggenmos, Bumdidi. © Josef Guggenmos.
Aus: V. Christen, J. Wolf, Schnick, Schnack, Schabernack. Oldenburg: Stalling 1973
S. 95 Josef Guggenmos, Dies Haus ... © Josef Guggenmos. Aus: J. G., Was denkt die Maus am Donnerstag? Recklinghausen: G. Bitter1967 (Überschrift: Auf ein Osterei zu schreiben)
S. 98 Frantz Wittkamp, Alle Tage. Aus: F. W., Ich glaube, dass du ein Vogel bist. Weinheim, Basel: Beltz 1990
S. 100-101 Auf und ab, in Anlehnung an eine Geschichte von Ursula Wölfel
S. 102 Kurt Kölsch, Löwenzahn. © Tonger Verlag, Rodenkirchen/Rhein
S. 106 Alfred Könner, Das leise Gedicht. Aus: H.-O. Tiede (Hg.), Sieben Blumensträuße. Berlin: Volk und Wissen 1989
S. 107 Joseph Lichius, Gewitter. © Joseph Lichius
S. 108 oben: Leo Lionni, Cornelius. Dt. von Frederik Vahle. München: Middelhauve 1994 © 1983 und 1994 Leo Lionni und Gertraud Middelhauve Verlag, München. - Mitte: Angela Hopf, Jetzt hast du ja mich! Minimax macht wieder Geschichten. Hamburg: Carlsen 1991 © 1991 by Carlsen Verlag GmbH Hamburg – unten: David McKee, Du hast angefangen! Nein, du! Deutsch von Rolf Inhauser. Aarau, Frankfurt/M., Salzburg: Verlag Sauerländer 1996 (11. Auflage) © 1985 by Andersen Press Ltd. © 1986 Text, Illustration und Ausstattung der deutschen Ausgabe by Verlag Sauerländer, Aarau, Frankfurt/M. und Salzburg
S. 109 oben: Helme Heine, Freunde. © 1982 und 1994 Gertraud Middelhauve Verlag, München - Mitte: Kathryn Cave, Irgendwie Anders. Bilder von Chris Riddell. Deutsch von Salah Naoura. © Verlag Friedrich Oetinger, Hamburg 1994 © Kathryn Cave 1994 (Text) - © Chris Riddell 1994 (Bild) – unten: Chris Raschka, Hey! Ja? Aus dem Amerikanischen von Uwe-Michael Gutzschhahn. München, Wien: Carl Hanser Verlag 1997. © Chris Rascha 1993. Alle Rechte der deutschen Ausgabe: © Carl Hanser Verlag, München Wien 1997
S. 111 Gerlinde Schneider, Zwei Kinder. Aus: U. Lentz-Pentzold, In allen Häusern, wo Kinder sind. München: Ellermann 1975. © Gerlinde Schneider
S. 114-115 Hans Manz, Groß und klein. Aus: H.M., Da kichert der Elefant. Zürich: Nagel & Kimche 1998
S. 119 Christine Nöstlinger, Sat-sechs. Geschichten vom Franz, Hamburg: Oetinger 1997
S. 122-123 Die Bremer Stadtmusikanten, nach den Brüdern Grimm

Foto- und Bildquellen Teil 3:
S. 81 St. Martin mit seiner Oberweseler Kirche. Wandgemälde, um 1520. Liebfrauenkirche zu Oberwesel.
© Beuroner Kunstverlag
S. 87 Antoine Pesne zugeschrieben, Geburt Christi mit Anbetung der Hirten, um 1739 oder 1747/48, Öl auf Leinwand, St. Hedwig, Berlin. Mit frdl. Unterstützung des Erzbistums Berlin, Erzbischöfliches Ordinariat
S. 88 Eiszapfen © IFA-Bilderteam/Rose, weitere Fotos: Udo Schoeler
S. 94 1 Kuch/Silvestris, 2-4 Pusch
S. 97 Fotos Amsel © Zefa-Arndt
S. 102 1 Partsch/Silvestris, 2 Bühler/Silvestris, 3 Rauch/Silvestris - 4 Zefa-Rose
S. 104 Hans Pfletschinger © Angermayer
S. 116-117 Marc Chagall: Das Zirkuspferd. © VG BildKunst Bonn 2004
S. 120 Silvestris-Telegraph Colour
S. 121 NASA Image Exchange

Löwenzahn und Pusteblume

Werkstatt für das Lesen- und Schreibenlernen

Gesamtband

Von Jens Hinnrichs
und Angela Berkenhoff, Petra Dalldorf, Angelika Rettinger,
Ursula Schwarz, Brigitte Stöcker

Mit Bildern von Felix Scheinberger, Miriam Monnier, Frauke Bahr,
Angelika Çıtak, Reinhard Michl

ISBN 3-507-40728-0

Druck 5 4 3 2 1 / Jahr 2008 07 06 05 04

Alle Drucke der Serie A sind im Unterricht parallel verwendbar.
Die letzte Zahl bezeichnet das Jahr dieses Druckes.

Redaktion:	Renate Hoischen
Herstellung:	Gundula Wanjek-Binder
Lay-out:	Ute Kreinacke
Umschlaggestaltung:	Mann und Maus OHG
Satz und Repro:	Jürgen Rohrßen, Hannover
Druck und Bindung:	Universitätsdruckerei H. Stürtz AG, Würzburg